QUELQUES MOTS

AUX NOBLES PAIRS

SUR L'EFFET MORAL DES TROIS CONDAMNATIONS.

❋

NOBLES PAIRS!

C'est dans un religieux silence que la France entière a écouté vos débats, attendu votre arrêt, et regardé l'exécution de votre sentence. Aujourd'hui que tout est consommé, que la foule silencieuse a redescendu les longues avenues du champ de la mort, c'est à l'historien, au philosophe, à nous tous que revient le droit de juger et d'interroger les juges, à vous la sellette et la réponse. En vertu de quel droit vous êtes-vous assis à ce tribunal? Qu'importe, au nom de Dieu, de la loi ou de la force, vous jugez; vos devoirs sont les mêmes. L'homme qui cite l'homme devant sa justice empiète sur le ciel et s'assimile à Dieu par le fait : comment avez-vous soutenu cette ressemblance?

Si vous avez relevé avec pompe et solemnité au milieu de notre capitale, l'échafaud politique qui depuis cinq ans se cachait dans un coin de la France, si vous avez ramené vos bourreaux de la Vendée * pour les montrer en plein Paris, vous avez voulu enseigner la foule; c'est la foule aujourd'hui qui vous demande compte de votre enseignement. Ce peuple dont les avides regards épiaient vos moindres mouvemens, vos moindres paroles, comment l'avez-vous moralisé? Pendant quinze jours il vous a poursuivi d'une attention obstinée; il s'est pressé autour de vous et de votre palais. Jamais artiste autour de son œuvre, jamais orateur autour de sa parole n'assembla tant de regards et tant d'intelligences. Or, sur ce lieu élevé d'où vous attiriez tous les yeux, comment vous êtes-vous posés? Avez-vous versé sur ces âmes avides d'impressions et qui s'ouvraient devant vous, quelque souffle bienfaisant de charité? Ces hommes qu'un instinct vague mais puissant poussait vers le lieu fatal, en voyant rouler devant eux ces trois têtes, ils ont résumé en quelques minutes toutes leurs pensées. Eh bien, quelles salutaires réflexions ont-ils rapportées? de quelles leçons sont-ils redevables à leurs maîtres?

Il ne suffit pas de faire répéter au milieu de la foule et le long des rues par des hommes de police les mots sacrés de **Providence** et de juge-

---

* Vingt-trois exécutions à mort par suite de condamnations politiques ont eu lieu dans la Vendée.

ment de **Dieu**. Ne pénétrons pas la justice divine et ses secrets, hommes petits et faibles que nous sommes. C'est à vous que je m'adresse, juges de la terre, à vous que Dieu instruit et qui devez m'instruire; à vous qui pouvez m'envoyer avant le temps devant son redoutable tribunal, et qui devez m'apprendre à y paraître; à vous, qui me devez la parole et l'exemple. La parole vient de vous être donnée d'une façon solemnelle, une libre et vaste carrière a été ouverte à vos exemples. Etes-vous sûrs que pas une voix ne s'élevera pour vous dire : Vous avez corrompu l'enseignement du peuple?

Trois hommes ont paru devant vous : Fieschi, Morey, Pepin : 'orgueil, le silence obstiné, la peur. Et vous leur avez répondu d'abord à l'un par l'admiration, à l'autre par la haine, au troisième par un dédain railleur : voilà vos débats; puis à tous trois par la mort. Trois fois vous avez levé, trois fois vous avez laissé retomber le couteau, et vous les avez si bien confondus tous les trois dans un même cercueil, que le fils de l'un d'eux venant redemander le corps de son père, on lui a montré un panier et trois têtes en lui disant : *Choisissez*. Voilà votre arrêt, voilà votre ouvrage.

Je ne m'arrêterai pas sur le lieu du supplice; je n'ai pas été scruter ces trois agonies, je ne suis pas allé demander à l'échafaud s'il donnerait de la fermeté à l'âme débile du marchand, s'il arracherait une parole à la lèvre froide et serrée du vieillard, s'il ferait démentir la pétulante assurance du Corse. On dit que ces trois têtes se sont courbées avec même courage et même foi, que ces hommes sont tous morts en invoquant le Seigneur ; que la terre leur soit légère : ne maudissons pas ceux que le prêtre a bénis ; recueillons seulement leurs dernières paroles. La voix du mourant est sacrée. Pepin a dit : *Je suis innocent.... je meurs victime de machinations. Adieu tous.* Morey, pour toute allocution, a découvert sa tête chenue. Fieschi a répété : *J'ai dit toute la vérité pour servir mon pays ; je dois mourir pour l'exemple.*

Avec ces paroles rentrons au Luxembourg, et reprenons le terrible drame qui vient de s'y dérouler, et qu'un jour la postérité pourra intituler *l'apothéose de l'orgueil.* Ce qui s'est passé dans cette salle, nobles pairs, c'est votre ouvrage et vous en répondrez. Devant vous, c'est-à-dire devant notre tribunal le plus imposant et le plus solemnel, devant un corps politique où chaque génération, chaque révolution a déposé ses hommes de tête et de lumières, ses hommes de talent et de science, devant les pairs de France, qui se disent et qui doivent être l'élite de la nation, rien ne doit échapper à la légère, tout doit être sérieux et médité. Vous voilà à l'œuvre : que faites-vous?

A votre droite est un homme au visage pâle et décomposé, la terreur est sur son front; dans ses yeux, dans ses paroles, dans ses gestes il succombe, il plie sous elle; la phrase commencée expire sur sa lèvre; sa tête qu'il redressait pour vous écouter, s'affaisse et retombe dans ses mains; s'il se lève pour vous répondre, ses yeux s'égarent, sa langue balbutie, ses genoux fléchissent; il retombe sur son banc. Est-ce le poids du crime qui l'atterre? non, c'est la frayeur. Homme de boutique et de bourgeoisie, il n'a pas été chercher le courage dans les camps, il n'a pas l'habitude du poignard ni la familiarité de la mort; il tremble, l'ÉPICIER; il a peur de tout, peur de Fieschi, peur de l'échafaud, peur du bourreau; il a peur de vous. Juges, pourquoi effrayez-vous l'accusé? et s'il s'effraie, comment devez-vous lui répondre?

La défense de cet homme, elle était tout entière dans le premier regard jeté sur lui et dans cette parole qu'il a répétée jusqu'à la veille de sa mort : J'ai eu peur de Fieschi et de son poignard. Or, je vous le demande, pensez-vous qu'il n'y ait pas dans le regard vif et acéré, dans le geste brusque et imposant du bravo de la Corse,

de quoi bouleverser et entraîner cette âme pusil-
lanime? Ne récusez pas trop l'influence de Fieschi, vous en aurez besoin peut-être un jour pour
vous justifier. C'est un ami que l'on redoute,
croyez-moi, que celui qui a toujours un poignard
prêt même pour vous servir. Oh! si le rond-point
de la barrière Saint-Jacques n'avait vu tomber
qu'une de ces têtes vides d'énergie et pleines
d'effroi; si celui qui est monté le premier sur ce
triple échafaud était un de ces hommes n'ayant
pour toute vertu qu'une bienfaisance naïve, pour
tout défaut qu'une petite vanité, donnant, parce
qu'il est riche, à tout homme qui se dit patriote,
entrant dans la conspiration de quiconque l'appelle *mon capitaine*, y restant, qui sait? parce
qu'il a juré peut-être, ou parce qu'il a eu peur
de son complice; dites, nobles pairs, que pense-
riez-vous de cette supposition? et si telle était la
vérité, depuis quand avez-vous voté la loi qui
punit de mort la vanité, la pusillanimité ou la
duperie? Pepin vous a fait rire : Pepin est mort
décapité!

A votre gauche, c'est le stoïcisme qui siége,
c'est l'impassibilité, le corps immobile, le visage
froid, la main qui ne sait plus le geste, l'œil
qui n'a plus de regard, la bouche qui n'a plus
de voix, le cœur et l'âme de fer. Toutes vos paroles, tous vos regards sont venus mourir sans

effet sur ce marbre. Homme de vieille trempe, conspirateur des anciens jours, il n'y avait rien à lire dans son cœur; tout y était scellé. De cette longue vie de révolutions et d'insurrections, qu'était-il resté dans cette âme? nul n'en sait rien, sinon que son regard était sombre, et qu'il avait une de ces têtes que l'on voit parfois briller au milieu du peuple, et devant lesquelles nous nous arrêtons pour considérer l'expression mâle et sauvage, l'énergie et l'âpreté. Le voilà tel qu'il était, tel qu'il paraissait encore malgré l'épuisement de ses forces et sous l'affaissement de la maladie. Sans doute ce n'était pas votre homme, ce n'était pas là ce qu'il vous fallait; qu'importe, c'était celui que la loi amenait devant vous. Le juge doit-il donc chercher dans l'accusé un homme qui lui plaise? doit-il tenir compte de ses sympathies froissées? Oh! ce n'est pas pour le spectacle des yeux, ni pour l'agrément des impressions, ni pour le charme des discours que l'inflexible justice élève ses prétoires, Juges qui demandez au malheureux traîné devant vous de se faire un cœur et une âme à votre guise, et qui, s'il persiste dans son immobile personnalité, ne lui répondez que par l'éloignement et la haine, je vous plains, car vous êtes coupables, et vous avez perdu devant Dieu le droit que l'homme vous laisse encore de prononcer la sentence.

S'il m'était arrivé de laisser tomber sur un homme une seule parole de haine, de jeter sur lui un seul regard mauvais, de détourner une seule fois de lui ma tête avec un sentiment d'inimitié, je ne permettrais jamais que mon nom figurât au bas de sa sentence de mort.

Doit-il mourir par mon ordre et sur mon avis, celui sur lequel à l'avance et pour autre raison mon cœur a prononcé la condamnation de la haine, car la haine est une condamnation? Devrait-il mourir de mon jugement celui qui aurait tué mon père? De quel droit voudrais-je revêtir la charge impassible du juge pour prononcer sur toi, misérable accusé, lorsque mon cœur frémit et gronde et que mon œil menace à ton aspect! Morey, c'était la révolution, c'était le jacobinisme, c'était 93. Or, 93 a tué vos pères, et la constance de votre piété filiale ne vous a pas permis d'oublier votre haine; elle pesait, elle devait peser sur Morey : Morey est mort décapité!

'En face de vous, en face du président, président lui-même, voici le troisième, voici l'homme de votre cœur, voici Fieschi. Il parle, il rit, il triomphe, il remplit à lui seul la salle, il dirige les débats, il se pose, il se drape, il plane sur la foule, l'entraîne et la gouverne, et le tribunal changé en auditoire, se courbe devant lui et se laisse mener.

Je ne vois qu'une chose dans cet homme, l'orgueil, l'orgueil de la voix, du geste, du regard, l'orgueil du crime, l'orgueil de la franchise, l'orgueil s'exhale de tous ses pores; c'est le bravo qui se fait roi. Il se pare de son front déchiré. Voilà ma tête, a-t-il dit; me voilà, semble-t-il dire à chacun : c'est moi qui dans ce grand jour ai dominé la foule et lancé sur elle le tonnerre de l'infernale machine, c'est moi qui dans ce jour vous ai fait peur, qui portais dans mes mains le destin de l'Etat, et qui viens aujourd'hui l'affermir et le stabiliser. Il lègue comme un objet précieux un écrit de sa main, et sa tête comme le prix sublime d'une magnifique reconnaissance. Et c'était l'accusé, et c'était le criminel! Qui donc s'est levé pour lui dire : homme de sang, de crime et de poignard, silence? Personne. Vous vous êtes tus devant lui. Que dis-je? l'orgueil appelle l'orgueil, et le frère salue le frère; vous avez traité d'égal à égal.

Vous ne croyez pas que Fieschi puisse effrayer une âme faible, vous ne croyez pas à son influence terrifiante. Non, c'est un instrument, un homme qu'on mène et qui se laisse faire. Eh! pendant quinze jours il vous a tous menés. Il est facile de ne pas trembler lorsque l'homme est environné de soldats et séparé de vous par une double et triple balustrade; alors on n'a pas peur comme si l'on voyait le fer. Mais que des juges élevés comme vous l'êtes, mis en face d'un assassin, se courbent devant lui et subissent son influence, qu'ils oublient la dignité de leurs siéges jusqu'à laisser cet homme régner sur eux du regard et de la parole, et prendre en apparence le sceptre de la dignité et de l'intelligence, c'est alors que le tribunal tremble à sa façon; c'est que l'accusé est le plus fort, qu'il domine et qu'il étreint : disons-le, c'est de la peur de juges.

Vous le niez, eh bien alors je le répète : c'est l'apothéose volontaire de l'orgueil. Il n'y a pas de milieu, ou vous aviez peur de Fieschi ou vous l'admiriez. Vous ne voulez pas avoir eu peur; vous nous avez donc donné à tous, vous avez donc donné au peuple ce scandale d'un homme admiré, après avoir livré au crime l'énergie de son âme. Il restera donc dans le souvenir de tous que l'on a vu l'assassin à côté de l'instrument de son crime, Fieschi devant son artillerie du boulevard du Temple, flatté, courtisé, environné d'égards et d'admiration, et que ce spectacle incroyable, c'est vous, nobles pairs, qui l'avez souffert, c'est vous qui l'avez donné. Fieschi fut votre maître ou votre héros : Fieschi est mort décapité!

Quelle effrayante monotonie rappelle donc

ainsi la mort et l'échafaud à la fin de chaque phrase qui s'échappe? c'est que tout âme a été remuée, et que tous les cœurs se sont émus en apprenant cette triple mort; c'est que le vent souffle encore qui répandit cette triste nouvelle sur la ville qui se réveillait, à peine reposée de ses fêtes et de ses orgies; c'est que tant de flots de foule se sont agités et bouleversés pour monter à ce lieu fatal, que cette mer à peine a repris son calme et son niveau. On ne remue pas pour un jour l'océan populaire. On ne tire pas de leur indifférence et de leur apathie habituelles des imaginations grossières pour leur demander qu'elles y rentrent à l'instant, qu'elles reprennent leur nuit et leur silence et oublient les vives images qui les ont frappées.

Vous avez appelé ce peuple, vous l'avez mené aux pieds de l'échafaud, vous lui avez dit de regarder, d'écouter, de compter les têtes. Oh! que cela a été long! Savez-vous maintenant ce que vous avez fait? connaissez-vous l'effet d'un pareil spectacle sur les spectateurs? D'abord la mort absout à moitié celui qui la subit : pourquoi? la pitié est-elle plus forte que la raison? je ne sais; mais il en est ainsi, c'est un fait. Passons; l'échafaud s'oublie remplacé par un autre, et la pitié elle-même s'efface et disparaît.

Mais voici le second effet de l'exécution d'un

condamné : c'est le dernier sceau donné à son jugement, et qui ne permet plus de l'oublier, c'est la consécration de tout ce qui précède, c'est la consommation de l'œuvre, c'est le dernier trait qui grave à jamais dans le souvenir de tous le crime et le criminel, le juge et le jugement. Dès ce moment s'allume le flambeau à la lueur duquel la postérité lira l'arrêt et scrutera les profondeurs de l'action ; et la même lumière s'attache au juge et le force à se soumettre, lui, ses œuvres et ses paroles à un éternel regard. Sur ce signe le philosophe s'arrête et dit : Un homme a été mis à mort, pourquoi? Un homme en a condamné un autre, comment? Vous avez allumé ce flambeau, vous avez appelé ce regard. Et voilà que l'œil s'est attaché sur vous pour ne plus s'en détourner, et ceux qui vous contemplent, hommes de toute classe et tout esprit s'entretiennent entre eux. Vous les entendrez.

Si au moyen du grand coup que vous venez de frapper, vous avez redressé quelque chose dans ces intelligences qui dévient chaque jour, le sage vous bénira. Si vous avez jeté au milieu du désordre quelqu'idée claire et lumineuse, au milieu du combat quelque principe de paix et de charité, pour rallier les esprits et concilier les cœurs, il n'y a pas pour vous assez de louanges. Mais si la leçon est mauvaise, si vous avez semé le désordre dans le désordre et la dissention dans la dissention, je ne prononce pas, mais je détourne la tête. Oui, il est dur de voir que le mal triomphe, que l'agonie se prolonge, que nous appelons du secours, et que ceux-là ne nous répondent pas qui le devraient avant tout; il est dur de penser que la nuit s'accumule, que le jour ne vient pas, et que chaque fois qu'on espérait l'aurore, c'est une couche de ténèbres de plus. Les voix sont tristes qui parlent dans la nuit.

L'un s'écrie : Pourquoi mon âme est-elle faible, et le courage n'habite-t-il pas avec elle? Pourquoi le fort, s'il est méchant, m'enchaîne-t-il à son crime? Pourquoi mon œil est-il ébloui de l'éclair du poignard, tandis que ma main tremble au lieu de l'écarter, et que ma langue glacée se refuse au cri comme à la parole? Et d'autres voix lui disent : Tu nous serviras de risée dans ton trouble, et nos railleries répondront à ton effroi. Et d'autres lui crient : Regarde dans ces ténèbres; aperçois-tu le cachot, l'échafaud? la mort, et le faible dans son anéantissement n'a plus même la force de pleurer.

Un autre murmure dans l'ombre : La haine répond à la haine et la mort à la mort, et l'assassinat répond à l'échafaud. Mon secret est avec moi et nul ne le saura. Le juge aura beau s'asseoir au tribunal élevé, revêtir la majesté de sa robe, et s'entourer de la puissance, j'ai mon cœur d'airain et je suis plus fort que lui. Tandis qu'il parle ses amis et ses enfans s'instruisent autour de lui, ils écoutent son silence lorsque le juge l'interroge avec un grincement de dents; et si l'arrêt de mort tombe sur sa tête, ils recueillent cette dernière parole : Enfans, la haine ne meurt pas.

Plus loin de plus tristes paroles encore viennent contrister l'âme. Je sais, dit l'orgueilleux, pour aller à la gloire, des chemins plus faciles et plus prompts que ceux de la vertu. J'ai du courage, et maintenant pour me faire un nom il ne me faut plus qu'un crime, un crime à grandes dimensions. L'expérience ne trompe pas, et j'ai vu la leçon vivante. Je sais qu'il suffit d'avoir de l'énergie, de regarder le crime avec des yeux tranquilles, surtout après qu'on l'a fait; d'en dérouler aux regards du monde les plis et les replis, de parler plus haut que l'accusateur, d'être effrayant de franchise comme on a été effrayant de crime, et puisqu'il faut enfin subir la mort, on en fait une comme on n'en a jamais vu. Voilà une renommée qui retentira bien haut, et j'en jouirai même avant ma mort, car la foule et mes juges surpris, effrayés, ravis, me porteront à l'échafaud sur le pavois.

O confusion, désordre et anarchie, lorsque de telles leçons sont données, lorsqu'elles sont recueillies! Eh! ne croyez pas que les trois hommes qui ont paru devant vous soient des exceptions, il y en a des milliers qui leur ressemblent et qui les regardaient, qui attendaient pour savoir si l'imbécillité n'avait pas un appui, si la haine n'avait pas un terme, si l'orgueil n'avait pas une déception, et ils ont appris que ni cet appui de la faiblesse, ni ce terme de la haine, ni cette déception de l'orgueil n'existait aujourd'hui. A ce spectacle la faiblesse est devenue plus caduque, le ressentiment plus intense, la vanité plus orgueilleuse. Après cette réponse en est venue une seconde; c'est-à-dire que la mort les attendait tous malgré leurs pleurs, malgré leur silence, malgré leur présomption. Et voici que sous cette dernière parole le mal s'est aggravé. La peur est devenue une angoisse poignante et déchirante, la haine s'est concentrée dans le désespoir et la vengeance, et l'orgueil s'est exalté en pensant qu'il allait recevoir le sceau de l'immortalité.

Un jour donc une voix s'élevera pour vous dire : La peur ne s'apaise que par la bonté, la haine ne tombe que devant le pardon, l'orgueil ne s'abaisse que devant le mépris ou l'oubli; et la postérité comparant ces vérités à vos œuvres, s'écriera : Vous avez corrompu l'enseignement du peuple!

Avant d'achever ces pages si brusquement échappées à la première émotion, qu'il me soit permis de remercier au nom de l'humanité, au nom de la morale, au nom du peuple, ceux qui n'ont pas prononcé ce déplorable arrêt de mort. Il ne nous a pas été donné de pénétrer le secret des délibérations, mais, nous le disons d'avance, honneur aux noms qui se révéleront plus tard *!

J.

---

* Trente-six voix n'ont pas voté la peine de mort de Pepin ; vingt-et-une n'ont pas voté celle de Morey.

Paris.—Imprimerie de G.-A. DENTU, 1 *bis*, rue d'Erfurth.